En marcha

AUTOBUSES

Ursula Pang

Traducido por
Esther Sarfatti

PowerKiDS press

PK Principiantes

¡Miren todos los autobuses!

212
SCHOOL BUS
214
SCHOOL BUS
215
SCHOOL BUS

Los autobuses es
colares llevan
a los niños a la escuela.

WATCH

Los autobuses están llenos de asientos.

ASIENTO

¡Mantente seguro en
el autobús!
Quédate en tu asiento.

Cada autobús
tiene un conductor.

SCHOOL BUS
CONDUCTORA DE AUTOBÚS

¡Las luces del autobús parpadean! La conductora se detiene para que alguien suba al autobús.

LUCES
SCHOOL BUS
EMERGENCY DOOR
STOP
BUS STOP
LUCES
SCHOOL

Las ciudades tienen muchos autobuses.

Algunas personas van al trabajo en autobús.

¡Algunos autobuses tienen dos pisos!

3

Algunas personas hacen viajes largos en autobús.

¿Te gustaría hacer un viaje en autobús?

Published in 2025 by The Rosen Publishing Group, Inc.
2544 Clinton Street, Buffalo, NY 14224

First Edition

Editor: Greg Roza
Book Design: Rachel Rising

Photo Credits: Cover, p. 1 Mikbiz/Shutterstock.com; p. 3 pyzata/Shutterstock.com; p. 5 4 PM production/Shutterstock.com; p. 7 Pat Shrader/Shutterstock.com; p. 9 Pressmaster/Shutterstock.com; p. 11 Prostock-studio/Shutterstock.com; p. 13 rSnapshotPhotos/Shutterstock.com; p. 15 kolt_duo/Shutterstock.com; p. 17 Zamrznuti tonovi/Shutterstock.com; p. 19 Sergii Figurnyi/Shutterstock.com; p. 21 Hanhalo Yehor/Shutterstock.com; p. 23 Drazen Zigic/Shutterstock.com.

Library of Congress Cataloging-in-Publication Data

Names: Pang, Ursula, author.
Title: Autobuses / Ursula Pang.
Description: Buffalo : PowerKids Press, (2025) | Series: En marcha
Identifiers: LCCN 2023050565 (print) | LCCN 2023050566 (ebook) | ISBN 9781499447897 (library binding) | ISBN 9781499447880 (paperback) | ISBN 9781499447903 (ebook)
Subjects: LCSH: Buses--Juvenile literature.
Classification: LCC TL232 .P26 2025 (print) | LCC TL232 (ebook) | DDC 629.222/33--dc23/eng/20231107
LC record available at https://lccn.loc.gov/2023050565
LC ebook record available at https://lccn.loc.gov/2023050566

Manufactured in the United States of America

CPSIA Compliance Information: Batch #CSPK25. For further information contact Rosen Publishing at 1-800-237-9932.